Band 43

Schriften zum Notarrecht

Herausgegeben von der
Deutschen Notarrechtlichen Vereinigung e.V. (NotRV)

Prof. Dr. Johannes Hager (Hrsg.)

Die Beendigung des Erbbaurechts

Tagungsband

Mit Beiträgen von
Notar a.D. Dr. Manfred Rapp
Professor Dr. Dres. h.c. Harm Peter Westermann

Nomos

Die Deutsche Nationalbibliothek verzeichnet diese Publikation in der Deutschen Nationalbibliografie; detaillierte bibliografische Daten sind im Internet über http://dnb.d-nb.de abrufbar.

ISBN 978-3-8487-2284-6 (Print)
ISBN 978-3-8452-6389-2 (ePDF)

1. Auflage 2015

Vorwort

Die Forschungsstelle für Notarrecht an der Ludwig-Maximilians-Universität München hat am 9. Juli 2014 eine Tagung mit dem Titel „Die Wirkungen des Heimfalles und die Beendigung des Erbbaurechtes – Bewährungsprobe für den Erbbaurechtsvertrag“ ausgerichtet. Dieser sowohl für die notarielle Praxis und die Gerichte als auch für die Wissenschaft bedeutsame und vielschichtige Themenkomplex wurde von den Referenten aus unterschiedlichen Perspektiven beleuchtet.

Im ersten Vortrag beschäftigte sich Notar a.D. Dr. Manfred Rapp aus Landsberg am Lech mit dem Thema „Der Heimfall“. Anschließend referierte Professor Dr. Dres. h.c. Harm Peter Westermann aus Tübingen zum Thema „Die Beendigung des Erbbaurechts“. Die Schriftfassung der Referate wird mit diesem Tagungsband der Öffentlichkeit zugänglich gemacht. So ist zu hoffen, dass die hier dokumentierten Vorträge die Diskussion anregen und vertiefen können.

Herausgeber und Referenten danken sehr herzlich der Landesnotarkammer Bayern und der Deutschen Notarrechtlichen Vereinigung e.V. für den großzügigen Druckkostenzuschuss, durch den die Publikation dieses Bandes erst ermöglicht wurde.

Professor Dr. Johannes Hager

Lehrstuhl für Bürgerliches Recht und Medienrecht
Ludwig-Maximilians-Universität München

Inhaltsverzeichnis

Die Wirkungen des Heimfalles und der Beendigung des Erbbaurechtes – Bewährungsprobe für den Erbbaurechtsvertrag

Manfred Rapp

A. Vorbemerkung

1. Das Erbbaurecht ist gemäß § 1 Abs. 1 ErbbauRG als Grundstücksbelastung „das veräußerliche und vererbliche Recht, auf oder unter der Oberfläche des Grundstücks ein Bauwerk zu haben." Es ist die intensivste Belastung eines Grundstücks, die einem Grundstückseigentum auf Zeit nahe kommt. Man spricht deshalb auch von einem „grundstücksgleichen Recht" (vgl. § 11 ErbbauRG).
2. Vom „normalen" Grundstückseigentum unterscheidet sich das Erbbaurecht jedoch in zwei Punkten gravierend:
   - Beim Erbbaurecht gibt es auf *einem* Grundstück zwei Eigentümer: Den Grundstückseigentümer und den Erbbauberechtigten als Gebäudeeigentümer. In ihrem Rechtsverhältnis, dem Erbbaurecht, sind Spannungen naturgegeben – zwei Könige in einem Reich.
   - Das Rechtsverhältnis „Erbbaurecht" ist ein langfristiges. Die möglichen wirtschaftlichen, rechtlichen, gesellschaftlichen oder politischen Veränderungen während seiner Laufzeit sind nicht vorhersehbar. Die Lehre und Rechtsprechung zum Wegfall oder zur Änderung der Geschäftsgrundlage hatte und hat ihren hauptsächlichen Anwendungsfall im Erbbaurecht.[1]
3. Die Erfahrungen mit veränderten Verhältnissen während der Laufzeit des Erbbaurechtes hat die Kautelarjurisprudenz stets zum Anlass genommen, interessengerechte Lösungen im Verhältnis Grundstückseigentümer/Erbbauberechtigter/Grundpfandrechtsgläubiger am Erbbau-

---

1 BGHZ 119, 220, 222; *Ingenstau/Hustedt*, ErbbauRG, 10. Aufl. 2014, § 9 Rn. 97 ff; *Staudinger/Rapp*, ErbbauRG (2009), § 9 Rn. 21.

recht zu entwickeln. Exemplarisch seien zwei Konstruktionen praeter legem genannt:

- Das ursprüngliche Gebot in § 9 Abs. 2 ErbbauRG, dass der Erbbauzins für die gesamte Laufzeit des Erbbaurechtes fest zu sein hat, führte bei einer inflationären Entwicklung zu einer Äquivalenzstörung zu Lasten des Eigentümers. Die Lösung bestand darin, neben dem dinglichen Erbbauzins eine schuldrechtliche Erhöhung zu vereinbaren, die durch Vormerkung gesichert wurde. Der Gesetzgeber hat mittlerweile diesen Weg übernommen (vgl. § 9a Abs. 3 ErbbauRG, § 1105 Abs. 1 S. 2 BGB).

- Zwischen dem Grundstückseigentümer mit seiner Erbbauzinsforderung und den Darlehensgebern des Erbbauberechtigten besteht der Konflikt um die erste Rangstelle am Erbbaurecht. Wer sich hier auf den Nachrang einließ, dem drohte bei einer Zwangsversteigerung des Erbbaurechtes der Verlust. Die Stillhaltevereinbarung zwischen dem Erbbauzinsgläubiger und der Bank des Erbbauberechtigten war der Weg der Praxis. Auch hier hat der Gesetzgeber mit der „vollstreckungsfesten Erbbauzinsreallast" des § 9 Abs. 3 ErbbauRG nachgezogen.

Diese beiden Beispiele (es gäbe auch noch weitere) zeigen, dass das Erbbaurecht zwar ein sachenrechtliches Institut ist, das jedoch wegen der Veränderungen der Zeitläufe einer Dynamik unterworfen ist, die, ausgehend von der Praxis, auch den Gesetzgeber erreicht.

4. Durch zwei neuere Entscheidungen des BGH[2] und eine des *OLG Hamm*[3] und auch durch entsprechende Beiträge der Literatur[4] ist eine Frage aktuell geworden, die bei der Gestaltung des Erbbaurechtsvertrages berücksichtigt werden muss, damit es nicht während der Laufzeit des Erbbaurechtes oder bei dessen Ende zu einem unerträglichen Rechtsverlust kommt. Es geht angesichts des Postulates der ersten Rangstelle für das Erbbaurecht um die Sicherung von Rechten der Abteilung II des Grundbuches, vor allem um existenznotwendige (Grund-) Dienstbarkeiten. Es wird zu fragen sein, ob es ausreichende vertragliche Gestaltungsmöglichkeiten für das berechtigte Sicherheits-

---

2 BGHZ 192, 335; 197, 140.

3 OLG Hamm MittBayNot 2014, 431.

4 *Kesseler* ZfIR 2014, 414; *Rapp* MittBayNot 2014, 412.

interesse dieser Rechteinhaber gibt, oder ob es notwendig, evtl. auch nur wünschenswert ist, eine Gesetzesänderung vorzuschlagen.
Während der Laufzeit des Erbbaurechtes gibt es zwei kritische Situationen für diese Berechtigten: Den Heimfall und die Beendigung des Erbbaurechtes.

B. Die Wirkungen des Heimfalles und die Sicherung von Grunddienstbarkeiten

Der Praktiker des Erbbaurechtes kennt das Problem: § 10 Abs. 1 ErbbauRG verlangt kategorisch und ohne jede Ausnahmemöglichkeit, dass das Erbbaurecht „nur zur ausschließlich ersten Rangstelle bestellt werden" kann. Der Rang kann auch nicht später geändert werden. Rechte in Abteilung II und III des Grundbuchs an dem Grundstück, das mit einem Erbbaurecht belastet werden soll, müssen also entweder im Grundbuch gelöscht werden oder im Range hinter das neu zu bestellende und in das Grundbuch einzutragende Erbbaurecht zurücktreten. Eine Löschung wird nur in Betracht kommen, wenn die am Grundstück eingetragenen Rechte entweder gegenstandslos sind oder, vor allem bei Rechten der Abteilung III des Grundbuchs, dem Gläubiger eine anderweitige Sicherheit gestellt werden kann. Bei Dienstbarkeiten, Vormerkungen und Vorkaufsrechten kommt eine anderweitige Sicherheit schon deshalb nicht in Frage, weil diese Rechte (bzw. dinglich gesicherten Ansprüche) auf ein bestimmtes Grundstück bezogen sind, dessen Austausch dem Sicherungsinteresse des Berechtigten nicht entsprechen würde. In diesen Fällen bleibt nur ein Rangrücktritt des Berechtigten hinter das neue Erbbaurecht übrig.

Ein solcher Fall war vom *OLG Hamm*[5] mit Urteil vom 27.06.2013 zu entscheiden: Ein Erbbaurechtsvertrag aus dem Jahre 1998 war noch immer nicht im Grundbuch eingetragen, neben anderen Beanstandungen auch deshalb nicht, weil drei Berechtigte aus Abteilung II des Grundbuchs (Wegegerechtigkeit, Grunddienstbarkeit (Wegerecht), beschränkt persönliche Dienstbarkeit (Wohnrecht)) den Rangrücktritt hinter das Erbbaurecht verweigerten. Der Eigentümer des mit dem Erbbaurecht zu belastenden Grundstücks verklagte daraufhin diese Berechtigten auf Abgabe der Rangrücktrittserklärungen. Das *OLG Hamm* hatte darüber zu entscheiden,

5 OLG Hamm MittBayNot 2014, 431.

ob abstrakt-generell überhaupt ein Anspruch auf Rangrücktritt besteht und ob im konkreten Fall die abstrakten Voraussetzungen für den Rangrücktritt in dem zu beurteilenden Erbbaurechtsvertrag erfüllt waren.

1. § 242 BGB als Anspruchsgrundlage für einen Rangrücktritt

Das *OLG Hamm* sieht als einzige Anspruchsgrundlage des Grundstückseigentümers gegenüber den Berechtigten der Abteilung II des Grundbuchs für einen Rangrücktritt hinter das neue Erbbaurecht § 242 BGB. In der Tat besteht zwischen dem Grundstückseigentümer und einem Berechtigten aus der Abteilung II des Grundbuchs ein gesetzliches Schuldverhältnis[6] derart, dass bei der Ausübung des Rechtes Rücksicht auf die Belange des Grundstückseigentümers zu nehmen ist. So ist z.B. eine Grunddienstbarkeit oder eine beschränkt persönliche Dienstbarkeit schonend auszuüben, wobei der Berechtigte auch verpflichtet sein kann, der Verlegung des Ausübungsbereiches an eine andere, ebenso geeignete Stelle zuzustimmen, wenn die Ausübung an der bisherigen Stelle für den Eigentümer besonders beschwerlich ist (§§ 1020 S. 1, 1023, 1090 BGB).

Aus diesem gesetzlichen Schuldverhältnis ergibt sich ein Anspruch auf Rangrücktritt unter der Voraussetzung, dass das Recht in Abteilung II des Grundbuchs auch nach Eintragung des Erbbaurechtes im Vorrang weiterhin während der gesamten Dauer des Erbbaurechtes uneingeschränkt in der bisherigen rechtlichen Qualität und Sicherheit ausgeübt werden kann und auch nach Beendigung des Erbbaurechtes dieser Rechtsbestand rechtlich gewährleistet ist.[7] Dies wird in der Entscheidung klar herausgestellt; dieser eindeutigen Aussage ist nichts hinzuzufügen.

---

6 BGHZ 95, 106; 144, 146; 348, 350 f.; BGH NJW 2008, 3703 Rn. 17; *Amann* DNotZ 1989, 531, 534 ff.; MünchKomm/*Joost*, BGB, 6. Aufl. 2013, § 1018 Rn. 9; Staudinger/*Seiler*, Einl. SachenR, 2012, Rn. 35.

7 OLG Hamm MittBayNot 2014, 431; Staudinger/*Rapp*, Fn. 1, § 10 Rn. 15; NK-BGB/*Heller*, 3. Aufl. 2013, § 10 ErbbauRG Rn. 9.

2. Die Bestandsicherheit für Dienstbarkeiten

Die Entscheidung befasst sich sodann mit den Voraussetzungen für den Inhalt des Erbbaurechtsvertrages, die die rechtliche Bestandsicherheit für die Dienstbarkeit garantieren sollen.

2.1. Die Eintragung der Dienstbarkeit am Erbbaurecht

Tritt der Berechtigte einer Grunddienstbarkeit/beschränkt persönlichen Dienstbarkeit im Range hinter ein Erbbaurecht zurück, so erfordert dies nach § 880 BGB eine Einigung zwischen dem Berechtigten des zurücktretenden Rechtes und dem Berechtigten des vortretenden Rechtes und die entsprechende Eintragung im Grundbuch. Der Grunddienstbarkeit geht alsdann das Erbbaurecht im Range vor. Die Auswirkungen dieser Rangänderung lassen sich wie folgt umschreiben: Auf das Erbbaurecht sind gemäß § 11 Abs. 1 S. 1 ErbbauRG die sich auf Grundstücke beziehenden Vorschriften sowie die Vorschriften über Ansprüche aus dem Eigentum entsprechend anzuwenden, soweit sich nicht aus dem Gesetz etwas anderes ergibt. Aus dieser Vorschrift leitet sich die Einordnung des Erbbaurechtes als ein grundstücksgleiches Recht ab. Der Erbbauberechtigte ist danach zum Besitz des Erbbaurechtsgrundstücks berechtigt (§§ 854 ff. BGB), ihm stehen die Ansprüche auf Herausgabe des Erbbaurechtsgrundstücks gemäß §§ 985 ff. BGB sowie der Anspruch auf Beseitigung sonstiger Beeinträchtigungen gemäß § 1004 BGB zu.[8] Soweit die Ausübung der nachrangigen Dienstbarkeit das Besitzrecht des Erbbauberechtigten stört, kann dieser von dem Dienstbarkeitsberechtigten die Unterlassung der Störung, die einem Verbot der Ausübung der Dienstbarkeit gleichkommt, verlangen. Hierauf braucht sich der Dienstbarkeitsberechtigte nicht einzulassen.

Erste Voraussetzung für einen Anspruch auf Zustimmung zu einem Rangrücktritt ist es deshalb, dass die zurücktretende Dienstbarkeit neu am Erbbaurecht mit identischem Inhalt wie am Grundstück und mit einer

---

8 MünchKomm/*v. Oefele/Heinemann*, BGB, 6. Aufl. 2013, § 11 ErbbauRG Rn. 36; Staudinger/*Rapp* (Fn. 1), § 11 Rn. 4, 6; NK-BGB/*Heller* (Fn. 7), § 11 ErbbauRG Rn. 28.

Rangstelle, die derjenigen am Grundstück entspricht, eingetragen wird.[9] Damit kann der Dienstbarkeitsberechtigte sein Recht zu Lasten des Erbbaurechtes und inhaltsgleich wie vorher am Grundstück, ausüben.

2.2. Rechtsverlust als Folge eines Heimfalls

Das *OLG Hamm* stellt jedoch zutreffend fest, dass die Voraussetzung gemäß 2.1. nicht genügt: Es muss weiter rechtlich gewährleistet sein, dass das eingeräumte neue, jedoch mit dem Recht am Grundstück inhaltsgleiche Recht, auch während des gesamten Bestandes des Erbbaurechtes ausgeübt werden kann. Diesbezüglich besteht jedoch für den Fall der Ausübung eines Heimfallanspruchs die Erlöschensregelung des § 33 Abs. 1 S. 3 ErbbauRG.

a) Konfliktlösung durch Heimfall

Das Erbbaurecht ist ein auf lange Zeitdauer angelegtes Rechtsverhältnis zwischen dem Grundstückseigentümer und dem Erbbauberechtigten.

Kommt es bei einem solchen Dauerverhältnis zu Leistungsstörungen zwischen den Berechtigten, so räumt das Gesetz typischerweise das Recht zur fristlosen Kündigung des Rechtsverhältnisses ein. Andere Lösungsmöglichkeiten sind die Einräumung eines Rücktrittrechtes, einer auflösenden Bedingung oder der Wegfall oder die Änderung der Geschäftsgrundlage. Dies würde jedoch bei einem Erbbaurecht zum Wegfall desselben führen, mit der Konsequenz, dass damit auch die Grundlage für Kreditsicherheiten (Grundschulden, Hypotheken) wegfallen würde. Das Erbbaurecht wäre damit nicht mehr beleihbar mit der Folge, dass es als Rechtsinstitut unbrauchbar würde. Entsprechende auflösende Bedingungen, Rücktrittsrechte oder Kündigungsrechte sind deshalb unwirksam, § 1 Abs. 4 S. 1 ErbbauRG. Der Gesetzgeber hat deshalb anstelle solcher Rechte das Heimfallrecht als Institut der Konfliktlösung geschaffen.[10] Es besteht beim Erbbaurecht nicht kraft Gesetzes, sondern gemäß § 2 Nr. 4

---

9 OLG Hamm, MittBayNot 2014, 431; *Kesseler* ZfIR 2014, 414, 415 re.

10 MünchKomm/*v.Oefele/Heinemann* (Fn. 6), § 2 ErbbauRG Rn. 24; *Staudinger/Rapp* (Fn. 1) § 2 Rn. 19.

ErbbauRG bei entsprechender Vereinbarung mit der Folge, dass es dadurch mit Eintragung im Grundbuch zum dinglichen Inhalt desselben wird. Die Heimfallgründe müssen dem sachenrechtlichen Bestimmtheitsgrundsatz entsprechen, sind im Übrigen aber frei vereinbar, mit Ausnahme §§ 6 Abs. 2, 9 Abs. 4 ErbbauRG. Durch die Ausübung des Heimfalles wird dem bisherigen Erbbauberechtigten sein Recht entzogen und dieses mit entsprechender dinglicher Übertragung gem. § 873 BGB auf den Grundstückseigentümer oder den von ihm bestimmten Dritten übereignet.[11] Das Erbbaurecht selbst erlischt also bei einem Heimfall nicht, sondern es wird mit identischem Inhalt in der Person des Grundstückseigentümers als Eigentümer-Erbbaurecht fortgesetzt. Die Grundpfandrechte und Reallasten am Erbbaurecht bleiben bestehen, wobei die durch diese Rechte gesicherten persönlichen Verbindlichkeiten vom Grundstückseigentümer als dem neuen Erbbauberechtigten auch zur persönlichen Haftung übernommen werden müssen, § 33 Abs. 2 ErbbauRG. Diese Vorschrift dient dem Schutze des (bisherigen) Erbbauberechtigten: Es soll verhindert werden, dass dieser zwar sein Recht verliert, ihm aber die persönlichen Verbindlichkeiten verbleiben. Dieser persönliche Schuldübernahmebetrag wird mit dem durch den Heimfall begründeten Vergütungsanspruch des bisherigen Erbbauberechtigten verrechnet (§§ 33 Abs. 3, 32 Abs. 1 ErbbauRG). Leistungsstörungen im Verhältnis zwischen dem Grundstückseigentümer und dem Erbbauberechtigten beeinträchtigen durch den Fortbestand der dinglichen Sicherheit im Falle des Heimfalles die Beleihungsfähigkeit des Erbbaurechtes nicht. Übermäßigen dinglichen und persönlichen Belastungen anlässlich des Heimfalles kann der Grundstückseigentümer dadurch entgegenwirken, dass er für die Belastung des Erbbaurechtes mit Grundpfandrechten/Reallasten die Zustimmungspflicht durch den Grundstückseigentümer gemäß § 5 Abs. 2 ErbbauRG vereinbart. Diese Zustimmungspflicht wirkt auch für den Fall der Zwangsvollstreckung oder der Arrestvollziehung in das Erbbaurecht, § 8 ErbbauRG.

b) Erlöschen von Rechten der Abt. II des Grundbuchs

Ein Zustimmungsvorbehalt kann nur bezüglich Grundpfandrechten/Reallasten vereinbart werden, § 5 Abs. 2 ErbbauRG. Bezüglich aller anderen

11 MünchKomm/*v.Oefele*/*Heinemann* (Fn. 6), § 2 ErbbauRG Rn. 29 f.

Belastungen, vor allem bezüglich Dienstbarkeiten, ist der Erbbauberechtigte völlig frei und an keinerlei Vorbehalte durch den Grundstückseigentümer gebunden. Solche Dienstbarkeiten können auf jeden Fall wertmindernde, möglicherweise auch wertverzehrende Auswirkungen haben, man denke z.B. an einen Nießbrauch am Erbbaurecht. Müssten solche Rechte im Falle des Heimfalles vom Grundstückseigentümer übernommen werden, so könnte der Erbbauberechtigte bei entsprechenden Belastungen des Erbbaurechtes und den damit einhergehenden Entwertungen desselben den Heimfall wirtschaftlich gesehen erschweren oder gar vereiteln. Dies wiederum würde die Position des Grundstückeigentümers schwächen und die Bereitschaft, Erbbaurechte zu vereinbaren, herabsetzen. Das Gesetz ordnet deshalb in § 33 Abs. 1 S. 3 ErbbauRG an, dass solche Rechte der Abteilung II des Grundbuchs bei Ausübung des Heimfalles ersatz- und auch entschädigungslos erlöschen. Im Falle des OLG Hamm hätte dies für den Dienstbarkeitsberechtigten zur Folge, auf die Rechtsposition zurückgeworfen zu werden, wie sie vor Eintragung der Dienstbarkeit am Erbbaurecht bei Nachrang derselben zum Erbbaurecht besteht. Selbst wenn man davon ausgehen sollte, dass der Dienstbarkeitsberechtigte aus dem schuldrechtlichen Grundgeschäft, das seinem Rangrücktritt hinter das Erbbaurecht zugrunde liegt, einen Anspruch gegen den Eigentümer-Erbbauberechtigten auf Neueintragung seines Rechtes am Erbbaurecht haben sollte, so ist dieser – nur schuldrechtliche – Anspruch dann nicht mehr durchsetzbar, wenn über das Erbbaurecht vorher anderweitig verfügt wurde oder der Erbbauberechtigte in Insolvenz ist. Dies entspricht nicht dem Sicherheitsniveau, das der Dienstbarkeitsberechtigte für einen Rangrücktritt verlangen kann.

c) Sicherung des Fortbestandes der Rechte

Hier bietet die Kautelarjurisprudenz Möglichkeiten durch Gestaltung des Erbbaurechtsvertrages den Fortbestand des Rechtes zu gewährleisten.

aa) Bedingung für Ausübung des Heimfalles

V. Oefele/Winkler[12] empfehlen, die Ausübung des Heimfalles davon abhängig zu machen, dass der Grundstückseigentümer den Heimfall nur dann erklären kann, wenn er gleichzeitig dem Grundbuchamt die Eintragungsbewilligung für die identische Dienstbarkeit vorlegt und diese damit am Erbbaurecht inhaltsgleich wie am Grundstück und Zug um Zug mit Vollzug des Heimfalles am Erbbaurecht neu eingetragen wird. Ist das Erbbaurecht mit Grundpfandrechten/Reallasten belastet, so ist der Fortbestand der Dienstbarkeit im Falle einer Zwangsversteigerung des Erbbaurechtes nur dann gewährleistet, wenn die Dienstbarkeit in das geringste Gebot fällt; hierzu sind Rangrücktrittserklärungen der Grundpfandrechtsgläubiger/Reallastberechtigten erforderlich. Diese müssen, so der Vorschlag von *v. Oefele/ Winkler,* zusammen mit der neuen Eintragungsbewilligung dem Grundbuchamt eingereicht werden.

Die Ausübung des Heimfallrechtes wird danach dadurch bedingt, dass die gemäß § 33 Abs. 1 S. 3 ErbbauRG erlöschende Dienstbarkeit neu und rangrichtig am Erbbaurecht wieder eingetragen wird. Der Vorschlag ist in seiner dogmatischen Konzeption schlüssig und zielführend.

Bei der praktischen Umsetzung ist jedoch zu berücksichtigen, dass der den Heimfall ausübende Grundstückseigentümer nur die Eintragungsbewilligung bezüglich der Dienstbarkeit am Erbbaurecht in seiner alleinigen Entscheidung hat, nicht jedoch die Rangbeschaffungserklärungen bezüglich der am Erbbaurecht eingetragenen Grundpfandrechte/Reallasten. Hier ist er auf die Mitwirkungsbereitschaft dieser Gläubiger angewiesen. Einen Rechtsanspruch diesen gegenüber wird er in den seltensten Fällen haben. Die Bereitschaft dieser Gläubiger, Rangrücktrittserklärungen abzugeben, wird noch dadurch gemindert, dass sie bezüglich ihrer Rechte eine Rangverbesserung dadurch erzielen, dass vorgehende Dienstbarkeiten kraft Gesetzes erlöschen und sie mit dem Grundbuchvollzug dieses Erlöschens automatisch im Range aufrücken. Die Durchsetzung eines Heimfallanspruchs hängt bei dieser Lösung vom Wohlwollen der Grundpfandrechtsgläubiger/Reallastgläubiger ab, ein Ergebnis, das vom Gesetz nicht gewollt ist.

---

12 *V. Oefele/Winkler*, Handbuch des Erbbaurechts, 5. Aufl. 2013, Rn. 2.100.

bb) Vormerkung zur Sicherung der rangrichtigen Neueintragung

Es ist deshalb eine Lösung zu entwickeln bei der die rangrichtige Neuetragung der Dienstbarkeit so erfolgen kann, dass der Grundstückseigentümer und Erbbauberechtigte nicht auf die Zustimmung der Grundpfandrechtsgläubiger/Reallastberechtigten am Erbbaurecht angewiesen ist bzw. diesen gegenüber ein Anspruch auf Zustimmung besteht und durchgesetzt werden kann.

Die Lösung geht im Ansatz davon aus, dass zwischen dem Grundstückseigentümer/Erbbauberechtigten und den Dienstbarkeitsberechtigten ein Anspruch auf Neueintragung der Dienstbarkeit nach Ausübung des Heimfalles vereinbart wird und dieser bedingte Anspruch (Bedingung Heimfall) durch eine Vormerkung am Erbbaurecht zugunsten des Dienstbarkeitsberechtigten gesichert wird. Dabei ist auch der Fall zu berücksichtigen, dass sich bei Veräußerung des dienstbarkeitsberechtigten Grundstücks auch die Person des Vormerkungsberechtigten ändern kann. Der Anspruch auf Neueintragung der Dienstbarkeit steht deshalb, im Wege eines berechtigenden Vertrages zugunsten eines Dritten (§ 328 BGB), auch einem Rechtsnachfolger im Eigentum des dienstbarkeitsberechtigten Grundstücks zu. Die Vormerkung ist damit für den jeweiligen Eigentümer des herrschenden Grundstücks einzutragen.[13] Diese Vormerkung ist bei Begründung des Erbbaurechtes im Gleichrange mit der neu am Erbbaurecht einzutragenden Dienstbarkeit einzutragen. Sie sichert nicht nur die Eintragung des Rechtes als solches, sondern auch den Rang vor allen nachrangig zur Eintragung gelangenden Rechten, insbesondere Grundpfandrechten (§ 883 Abs. 3 BGB).

Die Berechtigten der nachrangigen Rechte sind sonach aufgrund der Vormerkungswirkung gemäß § 888 BGB verpflichtet, der Neueintragung vor den Nachrangrechten zuzustimmen.

Eine Abhängigkeit des Grundstückseigentümers von einer diesbezüglichen Mitwirkungsbereitschaft der Grundpfandrechtsgläubiger, wie sie bei der Lösung gemäß aa) besteht, gibt es hier nicht.

---

13 Staudinger/*Rapp* (Fn. 1), § 33 ErbbauRG Rn. 12; § 10 ErbbauRG Rn. 15; zust. NK-BGB/*Heller* (Fn. 7), § 10 ErbbauRG Rn. 9; *ders.* § 33 ErbbauRG Rn. 2; RGZ 128, 246.

cc) Die Heimfall-Festigkeit der Vormerkung

Es stellt sich allerdings die Frage, ob nicht auch diese Vormerkung der Löschung gemäß § 33 Abs. 1 S. 3 ErbbauRG unterliegt. Der Normzweck des § 33 ErbbauRG besteht einerseits in der Sicherung der Beleihungsfähigkeit des Erbbaurechtes durch das Bestehenbleiben der dinglichen Verwertungsrechte, andererseits jedoch im Schutz des Eigentümers gegen Übernahme von Rechten, die für ihn hinderlich oder unangenehm sind und deren Entstehung er nicht durch einen Zustimmungsvorbehalt nach § 5 Abs. 2 ErbbauRG verhindern kann. Aus diesem Normzweck[14] ergibt sich, dass auch solche Rechte bestehen bleiben, die vom Grundstückseigentümer selbst oder mit seiner ausdrücklichen und nicht ersetzten Zustimmung am Erbbaurecht bestellt wurden und aus denen keine Zwangsvollstreckung betrieben werden kann. Diese Qualitäten kommen der Vormerkung auf Neueintragung der Dienstbarkeit zu. Diese Vormerkung ist vom Grundstückseigentümer/Erbbauberechtigten bei Begründung des Erbbaurechts bewilligt worden; durch ein Löschungsverlangen würde sich der Grundstückseigentümer mit seinem früheren eigenen Verhalten in Widerspruch setzen. Dies widerspricht § 242 BGB (Verbot des *venire contra factum proprium*).

Es ist auch darauf hinzuweisen, dass die Vormerkung in der Zeit vor der Ausübung des Heimfalles keine materielle Belastung darstellt. Der Anspruch auf Neueintragung der Dienstbarkeit entsteht erst mit Vollzug des Heimfalles im Grundbuch und wird alsdann Zug um Zug grundbuchmäßig vollzogen. Im Endergebnis wird also lediglich das durch nichts gerechtfertigte Aufrücken der Grundpfandrechtsgläubiger im Range um die zu löschende Dienstbarkeit verhindert. Die Vormerkung beeinträchtigt deshalb auch in keiner Weise die Beleihungsfähigkeit des Erbbaurechtes. Die einschränkende Auslegung[15] des § 33 Abs. 1 S. 3 ErbbauRG berücksichtigt in gleicher Weise die Interessen des Grundstückseigentümers, des Erbbauberechtigten, des Dienstbarkeitsberechtigten und der Grundpfandrechtsgläubiger am Erbbaurecht. Dies hat das *OLG Hamm* ebenso gesehen und deshalb den vormerkungsgesicherten Anspruch auf Neueintragung der

14 Zu diesem Auslegungskriterium s. *Larenz/Canaris*, Methodenlehre der Rechtswissenschaft, 3. Aufl. 1995, S. 153 ff.

15 *Larenz/Canaris* (Fn. 14), S. 174 f.

Dienstbarkeit am Erbbaurecht als eine der Voraussetzungen für den Anspruch auf Zustimmung zum Rangrücktritt erachtet.[16]

d) Teleologische Auslegung von § 33 Abs. 1 S. 3 ErbbauRG

Sowohl die Lösung von *v. Oefele/Winkler* (oben a) als auch die hier konzipierte Lösung laufen jeweils darauf hinaus, dass wortgetreu gemäß § 33 Abs. 1 S. 3 ErbbauRG die Dienstbarkeit am Erbbaurecht gelöscht wird und mit Vollzug des Heimfalles im Grundbuch neu und ranggerecht eingetragen wird. Es stellt sich deshalb die Frage, ob nicht durch eine teleologische Reduktion[17] des § 33 Abs. 1 S. 3 ErbbauRG ein identisches Ergebnis ohne die empfohlene juristische Akrobatik dadurch erreicht werden kann, dass die Dienstbarkeit auch beim Heimfall vom Erlöschen ausgenommen wird. Dabei sollte davon ausgegangen werden, dass die Löschung zwar vom Wortlaut der Vorschrift des § 33 Abs. 1 S. 3 ErbbauRG verlangt wird, nicht jedoch von dessen Zweck. Weiter ist zu berücksichtigen, dass der Grundstückseigentümer gegenüber dem Dienstbarkeitsberechtigten u.a. nur dadurch einen Anspruch auf Rangrücktritt hinter das Erbbaurecht erwirbt, wenn er die Dienstbarkeit inhaltsgleich und im selben Rangverhältnis am Erbbaurecht neu zur Eintragung bringt.

Mit einer Löschung gemäß § 33 Abs. 1 S. 3 ErbbauRG würde also der Grundstückseigentümer seine frühere Leistung – Eintragung der Dienstbarkeit am Erbbaurecht – zurücknehmen, die Leistung des Dienstbarkeitsberechtigten – Rangrücktritt mit der Dienstbarkeit hinter das Erbbaurecht – jedoch behalten. Diese Leistungsstörung würde bei sonstigen Dauerschuldverhältnissen entweder ein Recht zur fristlosen Kündigung, ein Rücktrittsrecht oder die Rechtsfolgen bei Wegfall oder Änderung der Geschäftsgrundlage begründen. Es läge darüber hinaus ein widersprüchliches Verhalten vor, was mit § 242 BGB unvereinbar ist.[18]Alle diese Rechtsfolgen würden jedoch die Beleihungsfähigkeit des Erbbaurechts zerstören. Der Ausweg besteht in dem Recht des Heimfalles. Der Heimfall hat jedoch nicht den Zweck, den Grundstückseigentümer besser zu stellen,

---

16 OLG Hamm, MittBayNot 2014, 431.

17 *Larenz/Canaris* (Fn. 14) S. 210 ff.

18 *Larenz/Canaris* (Fn. 14), S. 215 zur einschränkenden Auslegung unter dem Gesichtspunkt des § 242 BGB.

als er vor demselben gestanden hätte. Es hält sich deshalb im Rahmen einer zulässigen Auslegungsmethode, solche Rechte der Abteilung II des Grundbuchs bestehen zu lassen, die vom Grundstückseigentümer selbst zu Lasten des neu zu begründenden Erbbaurechtes an diesem bestellt worden sind, um den Rangrücktritt dieser Rechte am Erbbaugrundstück hinter das neu einzutragende Erbbaurecht zu erreichen. Es ist deshalb zulässig, im Erbbaurechtsvertrag den Fortbestand solcher Rechte zu vereinbaren. § 33 Abs. 1 S. 3 ErbbauRG ist insoweit nicht zwingend.[19]

e) Die Folgen des Heimfalles und der sachenrechtliche Typenzwang

Wenn man davon ausgeht, dass § 33 Abs. 1 S. 3 ErbbauRG eine dispositive Norm ist, so setzt dies voraus, dass dies dem sachenrechtlichen Typenzwang[20] nicht widerspricht. Richtig ist zunächst, dass der Heimfall nicht zum dinglichen Inhalt des Erbbaurechtes gehört; er kann jedoch fakultativ als dinglicher Inhalt des Erbbaurechtes vereinbart werden (§ 2 Nr. 4 ErbbauRG). Zutreffend ist auch, dass die Heimfallgründe lediglich dem sachenrechtlichen Bestimmtheitsgrundsatz entsprechen müssen, im Übrigen jedoch frei vereinbart werden können. Die Voraussetzungen für den Heimfall unterliegen deshalb der Vertragsfreiheit. Die hier entscheidende Frage ist jedoch, ob diese Vertragsfreiheit auch für die Folgen des Heimfalles gilt oder ob diesbezüglich der sachenrechtliche Typezwang Geltung beansprucht.

Kesseler[21] hat jüngst ausgeführt, dass es sich bei dem Heimfallanspruch „um einen einfachen, auf Übertragung des Erbbaurechts gerichteten Anspruch, wie dieser auch außerhalb des Erbbaurechts jederzeit begründet werden kann“, handele. Die Beteiligten (damit meint *Kesseler* den Grundstückseigentümer und den Erbbauberechtigten) seien nicht gehindert, für den Fall des Eintritts bestimmter Ereignisse Ansprüche auf Übertragung des Erbbaurechts zu vereinbaren und diese durch Vormerkung zu

19 *Kesseler* ZfIR 2014, 414, 417 re.

20 Staudinger/*Seiler*, 2012, Einl. SachenR, Rn. 38 ff., wo darauf hingewiesen wird, dass im Erbbaurecht die Dispositionsbefugnis im Rahmen des § 2 ErbbauRG besteht, Rn. 39.

21 *Kesseler* ZfIR 2014, 414, 417 re.

sichern.[22] Nach dieser Auffassung könnten also anstelle oder neben dem gesetzlich geregelten Heimfallanspruch schuldrechtliche Übertragungsansprüche begründet und durch eine Vormerkung gemäß § 883 BGB abgesichert werden. Diese schuldrechtlichen Übertragungsansprüche könnten alsdann entgegen § 3 ErbbauRG auf eine andere Person als den Grundstückseigentümer übertragen werden; sie unterlägen auch nicht der kurzen Verjährungsfrist des § 4 ErbbauRG. Die Vergütungsregelung des § 32 ErbbauRG zugunsten des Erbbauberechtigten wäre ebenso wenig anwendbar, wie die gesetzliche Schuldübernahme des Grundstückseigentümers gemäß § 33 Abs. 2 S. 1 ErbbauRG. Dieser Vergleich zeigt, dass im Verhältnis zwischen Grundstückseigentümer und Erbbauberechtigtem bei der Frage der Entziehung des Erbbaurechtes zulasten des Erbbauberechtigten, soweit es um die rechtlichen Folgen der Entziehung geht, keine Vertragsfreiheit besteht. Die zitierten Vorschriften des ErbbauRG dienen dem Schutze des Erbbauberechtigten. Eine Abweichung hiervon würde ein Erbbaurecht eines anderen Typus darstellen; dies ist mit dem sachenrechtlichen Typenzwang nicht vereinbar. Es ist deshalb davon auszugehen, dass die *Folgen des Heimfalls* im Gesetz – grundsätzlich – zwingend festgelegt sind.

f) Zwingende und dispositive Folgen des Heimfalles

Dem Schutze des Erbbauberechtigten dient insbesondere die gesetzlich vorgesehene Schuldübernahme gemäß § 33 Abs. 2 S. 1 ErbbauRG durch den Grundstückseigentümer bei Ausübung des Heimfalles. Selbst wenn der Grundpfandrechtsgläubiger die Schuldübernahme nicht genehmigen sollte, bleibt im Innenverhältnis zwischen Grundstückseigentümer und Erbbauberechtigtem der Erstgenannte allein und ohne Rückgriffsmöglichkeit gegenüber dem Erbbauberechtigten zur Zahlung verpflichtet. Damit wird verhindert, dass der Erbbauberechtigte das Erbbaurecht und damit auch das Eigentum am Gebäude verliert, ihm jedoch die Verbindlichkeiten, die dort dinglich abgesichert sind, in persönlicher Weise verbleiben.

Dementsprechend bleiben auch die dinglichen Sicherheiten für die persönlichen Verbindlichkeiten am Erbbaurecht bestehen. In Ansehung

22 *Kesseler* ZfIR 2014, 414, 417 re.

der Verwertungsrechte sind deshalb die Heimfallfolgen, wie sie in § 33 ErbbauRG festgelegt sind, zwingend. Darüber hinaus ermöglicht erst das Fortbestehen der dinglichen Sicherungsrechte am Erbbaurecht auch für den Fall des Heimfalles die Beleihbarkeit desselben. Ohne Beleihbarkeit wäre ein Erbbaurecht kein brauchbares Rechtsinstitut. Die Verwertungsrechte am Erbbaurecht dienen sonach einerseits dem Sicherungsinteresse der Gläubiger, andererseits aber dem Erbbauberechtigten selbst, da sie eine Kreditaufnahme durch diesen ermöglichen.

Bei den „anderen auf dem Erbbaurecht lastenden Rechten", deren Erlöschen im Falle des Heimfalles § 33 Abs. 1 S. 3 ErbbauRG anordnet, wird man dagegen unterscheiden müssen:

- Sind sie von dem Erbbauberechtigten alleine eingeräumt worden, so ist die Erlöschensregelung zwingend. Nur dadurch wird es ermöglicht, dass nicht ein durch diverse Belastungen in Abteilung II des Grundbuchs entwertetes Erbbaurecht bei Heimfall an den Grundstückseigentümer zurückfällt. Bekanntlich hat der Grundstückseigentümer wegen der Nichtanwendbarkeit des § 5 Abs. 2 ErbbauRG auf Rechte der Abteilung II (ausgenommen Reallast) des Grundbuchs keine Möglichkeit, diese zu verhindern.
- Sind solche Rechte jedoch bei Begründung des Erbbaurechtes eingeräumt worden, so erfolgte dies auf Veranlassung und mit Zustimmung des Grundstückseigentümers. Er ist deshalb durch den Fortbestand der Rechte auch nach dem Heimfall nicht beeinträchtigt.
  Ein Problem könnte sich jedoch daraus ergeben, dass der Heimfall zugunsten eines von dem Eigentümer zu bezeichnenden Dritten ausgeübt wird (§ 3 Hs. 2 ErbbauRG). Auch kann das mit dem Erbbaurecht belastete Grundstück eigentumsmäßig einem Rechtsnachfolger des ursprünglichen Erbbaurechtsausgebers zustehen. Es ist fraglich, ob diesen Personen gegenüber die Einrede aus § 242 BGB geltend gemacht werden kann, da sie ja an dem ursprünglichen Erbbaurechtsbegebungsvertrag nicht beteiligt waren. Der Grundsatz, unter mehreren Wegen den sichersten[23] auszuwählen, verlangt deshalb, dass zumindest vorsichtshalber *neben* der Bestehenbleibens-

23 BGH NJW 1991, 1172; NJW 1992, 3237; Beck'sches Notarhandbuch/*Hogl*, 6. Aufl. 2015, Abschn. K Rn. 24 ff.

vereinbarung für Dienstbarkeiten der vormerkungsgesicherte Anspruch auf Neueintragung vereinbart wird.

g) Rangvorbehalt für rangrichtige Neueintragung

Die hier vorgeschlagene einschränkende Auslegung des § 33 Abs. 1 S. 3 ErbbauRG ist bisher weder von der höchstrichterlichen Rechtsprechung und – abgesehen von *Kesseler* – auch nicht von der Literatur diskutiert und bestätigt worden. Der den Erbbaurechtsvertrag verantwortende Notar wird deshalb nach einem bewährten Weg Ausschau halten. Dabei muss er vom Fortbestehen der Verwertungsrechte am Erbbaurecht und vom Erlöschen aller anderen Rechte ausgehen.

Eine rangsichere Neueintragung kann er dabei durch einen Rangvorbehalt gemäß § 881 BGB bei den im Range nach der Dienstbarkeit einzutragenden Grundpfandrechten gewährleisten. Der Rangvorbehalt ist bei jedem Grundpfandrecht und bei jeder Reallast einzutragen und bezieht sich darauf, dass nach Erlöschen der vorrangigen Dienstbarkeit infolge des Heimfalles die Neueintragung derselben mit dem bisherigen Inhalt, jedoch im Range vor dem Grundpfandrecht, vorbehalten bleibt. Zur Bestimmung des Inhaltes des vorbehaltenen Rechtes kann auf die Eintragungsbewilligung für die Dienstbarkeit am Grundstück Bezug genommen werden, § 874 BGB. Die Ausnutzung des Rangvorbehaltes ist, was zulässig ist, durch den Heimfall bedingt.

Die Vormerkung zur Sicherung der Neueintragung der Dienstbarkeit wird dadurch nicht überflüssig. Der Rangvorbehalt erübrigt es jedoch, die rangwahrende Wirkung der Vormerkung gem. § 888 BGB durchzusetzen. Für die Neueintragung der Dienstbarkeit ist deshalb keine irgendwie geartete Mitwirkung von Grundpfandrechtsläubigern/Reallastberechtigten erforderlich.

h) Belastungszustimmung und Rangvorbehalt

Die Grundpfandrechte werden allerdings durch den Erbbauberechtigten bestellt. Auch der Rangvorbehalt kann nur durch den Erbbauberechtigten bei Bestellung des Grundpfandrechtes erklärt werden. Es kommt deshalb darauf an, dass der Erbbauberechtigte die Belastung mit Verwertungsrechten nur dann vornehmen kann, wenn er auch den Rangvorbehalt aufnimmt. Der Weg hierzu führt über § 5 Abs. 2 ErbbauRG. Im Erbbaurechtsvertrag ist also zu vereinbaren, dass die Belastung des Erbbaurechtes mit Verwertungsrechten nur mit Zustimmung des Grundstückseigentümers möglich ist. Festzuhalten ist weiter, dass die Zustimmung bei Vorliegen der sonstigen Voraussetzungen des § 7 Abs. 2 ErbbauRG nur erteilt werden muss, wenn der Rangvorbehalt für die Dienstbarkeit beim Grundpfandrecht aufgenommen wird. Verweigert der Erbbauberechtigte bei der Bestellung von Verwertungsrechten einen entsprechenden Rangvorbehalt, so hat der Grundstückseigentümer einen ausreichenden Grund, gemäß § 7 Abs. 3 ErbbauRG die Zustimmung zur Belastung zu ver-weigern.

Es kann hier nicht abschließend geklärt werden, ob die Nichtbegründung des beschriebenen Rangvorbehaltes einen ausreichenden Grund iSv § 7 Abs. 3 ErbbauRG zur Versagung der Belastungszustimmung darstellt. Zu denken ist deshalb auch daran, das Verhalten des Erbbauberechtigten – Bestellung eines Grundpfandrechtes ohne Rangvorbehalt – als Heimfalltatbestand gem. § 2 Nr. 4 ErbbauRG zu qualifizieren.

i) Ergebnis: Rangrichtige Neueintragung der Dienstbarkeit

Im Übrigen ist hier der Vorschlag von *v. Oefele/Winkler* aufzugreifen: Die Ausübung des Heimfallrechtes wird dadurch bedingt, dass die gemäß § 33 Abs. 1 S. 3 ErbbauRG erlöschende Dienstbarkeit neu und rangrichtig am Erbbaurecht wieder eingetragen wird. Dies wird auch durch Vormerkung am Erbbaurecht gesichert. Durch entsprechende Ausübung des Rangvorbehaltes seitens des Grundstückseigentümers, der den Heimfall ausübt, gibt es hier keine Probleme. Die Abhängigkeit von den Grundpfanrechtsgläubigern ist nicht gegeben. Eine Ausübung des Heimfallrechtes ohne Erfüllung dieser Bedingung wäre im Grundbuch nur mit Zustimmung des Dienstbarkeitsberechtigten vollziehbar, da dieser in seinem Recht gemäß § 19 GBO betroffen wäre.

Vorsorge für eine Beendigung des Erbbaurechts

Harm Peter Westermann

I. Anwendungsbereich der Fragestellung

1. Anlass der Untersuchung

Die Probleme, die sich aus der Langfristigkeit eines oder sogar mehrerer Rechtsverhältnisse ergeben, die mit der Bestellung eines Erbbaurechts verbunden sind, und die aus der Veränderung tatsächlicher, u.a. auch gesellschaftlicher Verhältnisse seit der Entstehungszeit der Berechtigung folgen, hat mein Vorredner nicht nur aus der Sicht der Gestaltungspraxis vorgführt, sondern auch als Gegenstand rechtspolitischer Diskussionen und schrittweiser Lösungsbeiträge der Gesetzgebung aufgezeigt. Meine Aufgabe – als die eines mit der Gestaltung von Erbbaurechtsverträgen nicht besonders Vertrauten – ist etwas anders, indem ich über die mit der Beendigung eines Erbbaurechts verbundenen Rechtsfragen zu referieren habe. Eine gewisse Besonderheit dieser Fragestellung folgt daraus, dass es sich oft nicht um eine ad hoc beschlossene und erst recht nicht von langer Hand vorbereitete Beendigung eines dinglichen Rechts handelt, die einige direkte gesetzliche Folgen auslöst, und die dann von den an der dinglichen Rechtsposition und ihrer Besicherung Interessierten bewältigt werden muß, wofür allerdings gestaltende Vorsorgemaßnahmen denkbar sind. Mein Vorredner hat sich vor demselben Hintergrund mit dem zwar vom Gesetz als Möglichkeit vorgesehenen, aber nur bei entsprechender Parteivereinbarung praktisch werdendem Heimfallrecht befaßt, das kein Erlöschen des Erbbaurechts, sondern einen Inhaberwechsel bewirkt und so ebenfalls eine Situation schafft, deren materielle und formelle Aspekte bei der Vereinbarung eines speziellen Heimfalls, also zumeist ebenfalls bei Begründung des Erbbaurechts, vorsorglich in den Blick genommen werden müssen. Hiermit ist dann ein Fragenkreis angesprochen, der auch einem in der akademischen Lehre des Sachenrechts länger tätigen Hochschullehrer als charakteristisch für unser Fach auffällt: Wir erinnern uns sicher alle an die Feststellungen unserer akademischen Lehrer (einschließlich des Repetitors), dass häufig die eigentliche Rechtsnatur eines Rechtsverhältnisses weniger bei seiner Begründung als bei seiner

Beendigung und eventuellen Rückabwicklung relevant und deutlich wird, und in der Tat sind ja, wenn man vor dem Hintergrund synallagmatischer oder sonst mehrseitiger Schuldverhältnisse auf die §§ 346 ff. BGB blickt, die hier auftretenden und vom Europarecht inzwischen noch verkomplizierten Fragen nur mit sehr grundsatzbezogenen Überlegungen zu bewältigen. Es ist vorstellbar, dass uns derartiges auch als ein Aspekt der Beendigung von Erbbaurechten begegnen wird.

2. Beendigungstatbestände

Da unser Generalthema die Vorsorge für die Bewältigung derartiger Probleme im notariellen Beratungsgeschäft ist, muss ich kurz auf die – charakteristisch begrenzten – Instrumente der Beendigung eines Erbbaurechts eingehen, was die Fragen und die hieran zu beteiligenden Personen und den grundsätzlichen Vollzug einschließt und auch bereits – wie sich gleich zeigen wird – das Element der Dinglichkeit einer Rechtsposition ins Bild bringt.

a) Einverständliche rechtsgeschäftliche Beendigung

Ein einseitiger **Verzicht** auf das Erbbaurecht, wie wir ihn aus dem allgemeinen Grundstücksrecht (§ 928 BGB) an sich kennen, ist positivrechtlich durch § 11 Abs. 1 ErbbauRG ausgeschlossen. Wenn es sodann in § 26 ErbbauRG heißt, das Erbbaurecht könne nur mit Zustimmung des Grundstückseigentümers **aufgehoben** werden, so weist dies nicht etwa auf eine dinglich wirkende Aufhebung, wie wir sie in § 875 BGB kennen, sondern, was die dingliche Seite anbelangt, auf zwei einseitige Erklärungen des Erbbauberechtigten und des Grundstückseigentümers, während die schuldrechtliche Grundlage durch ein Kausalgeschäft unter diesen Beteiligten geschaffen wurde, das der Form des § 311 b BGB bedarf.[1] Die Erklärungen des Eigentümers und des Erbbaurechtsberechtigten unterliegen keinem notariellen Formerfordernis, aber dem § 29 GBO.

---

1 OLG Frankfurt HEZ 1, 28; OLG Brandenburg NotBZ 2013, 247; Staudinger/*Rapp* § 26 ErbbauRG Rn. 6; MünchKomm-BGB/*v. Oefele/Heinemann*, 6. Aufl. 2013, § 26 ErbbauRG Rn. 1, 2; Erman/*Grziwotz*, 14. Aufl. 2014, § 26 ErbbauRG Rn. 1.

Nun ist dies für die rechtsgeschäftliche Beendigung des Erbbaurechts kein großes Hindernis. Anders sieht dies in Bezug auf das Erfordernis einer Zustimmung der am Erbbaurecht dinglich Berechtigten aus, das aus § 876 BGB folgt. Die Erkenntnis ist nicht neu, dass gerade mit Blick auf den Schutz der Inhaber dinglicher Rechte am Grundstück, die bestanden, als das Erbbaurecht begründet werden sollte, eine simultane Belastung des Erbbaurechts erforderlich ist und besonders auch für die hier noch näher zu besprechenden Dienstbarkeiten dringend empfohlen wird.[2] Eine **Zustimmung** zur Aufhebung des Erbbaurechts braucht ein **dinglich Berechtigter** zwar nicht zu erteilen, wenn gleichzeitig mit der Aufhebung ein Recht mit gleichem Rang und Inhalt am Grundstück eingetragen wird;[3] zu dieser Entwicklung wird es aber vielleicht nicht ohne Weiteres kommen, wenn die am Erbbaurecht dinglich Berechtigten, die wegen der nach § 10 ErbbauRG zwingenden Erstrangigkeit des Erbbaurechts am Eigentümer-Grundbuch mit nachrangigen Belastungen dieses Grundstücks konkurrieren müssen, deren Inhaber auf diese Konkurrenz möglicherweise nicht gefasst waren. Unter schwierigen wirtschaftlichen Verhältnissen jedenfalls des Erbbauberechtigten (oder auch des Grundeigentümers), die man bei der Bestellung des Erbbaurechts nicht ohne Weiteres vorhersehen konnte, kann dann eine einverständliche Beendigung des Erbbaurechts möglicherweise auf Hindernisse stoßen.

Dem durch die Beifügung einer **auflösenden Bedingung** zum Bestellungsakt abzuhelfen, steht § 1 Abs. 4 ErbbauRG entgegen, der ausdrücklich auch eine Vereinbarung undurchsetzbar macht, durch die sich der Erbbauberechtigte verpflichtet, beim Eintritt bestimmter Voraussetzungen das Erbbaurecht aufzugeben. In diesem Punkt läuft also alles auf die Vereinbarung des heute schon ausführlich behandelten Heimfallrechts hinaus, natürlich auch auf die in der Praxis ja deutlich im Vordergrund stehende automatische Beendigung durch **Zeitablauf** nach §§ 27 ff. ErbbauRG. Die diesbezügliche Frist muss vereinbart werden, man lässt offenbar auch eine Bindung an ein bestimmtes Ereignis als Endtermin zu, wobei auf der Hand liegt, dass dies mit dem Verbot einer auflösenden Bedingtheit kollidieren kann,[4] und dass die Veräußerbarkeit

2 Dazu näher *Kesseler* ZfIR 2014, 413 ff.

3 LG Bayreuth MittBayNot 1997, 39; BayObLG Rpfleger 1987, 156; siehe auch Stau-dinger/*Rapp* § 1 ErbbauRG Rn. 48.

4 Staudinger/*Rapp* § 26 ErbbauRG Rn. 6.

des Erbbaurechts hierdurch nicht infrage gestellt werden darf.[5] Wie weit also eine Befristung individuell gestaltet werden kann, ist meist nur einzelfallabhängig vorherzusehen.

b) Keine einseitige Beendigung

Wer häufiger mit längerfristig laufenden Rechtsverhältnissen wie Dauerschuldverhältnissen zu tun hat, wird sich hier die Frage stellen, ob denn keine **Kündigung** eines Erbbaurechts, zumindest auch aus wichtigem Grund, möglich ist. Man denkt dabei natürlich hauptsächlich an eine Säumnis des Erbbauberechtigten mit der Zahlung des Erbbauzinses.

Andere aus der Sicht des allgemeinen Zivilrechts in Betracht kommende Umstände sollen aber eine Kündigung seitens des Eigentümers nicht rechtfertigen,[6] was auch gesetzliche Rücktrittsrechte unanwendbar macht; auch ein Wegfall der Geschäftsgrundlage wird hier nicht anerkannt.[7]

Ein Allgemein-Zivilrechtler muss gestehen, dass das ein wenig verwundert, und daß die Dinglichkeit einer Rechtsposition vielleicht doch einer einseitigen Beendigung oder einer Rückabwicklung nicht absolut entgegenstehen sollte. Aber der sicher schutzwürdige Hauptanspruch des Ausgebers des Erbbaurechts, nämlich auf Zahlung des **Erbbauzinses**, ist durch die Behandlung als Erbbauzinsreallast nach § 9 ErbbauRG wohl gut gesichert. Natürlich muß die dingliche Sicherung des Erbbauzinses bei Bestellung des Erbbaurechts vereinbart sein, wobei die dingliche Einigung über die Belastung des Erbbaurechts zugunsten des jeweiligen Eigentümers mit der Vereinbarung eines fortlaufenden Entgelts zusammenfällt,[8] und insoweit kann für die Höhe des Erbbauzinses eine schuldrechtliche Anpassungsverpflichtung vorgesehen werden, bei deren Fehlen dann doch die Geschäftsgrundlagenlehre eingreifen kann.[9] Ein Randproblem besteht darin, dass angesichts der möglicherweise langen Laufzeit und der Mög-

5 MünchKomm-BGB/v. *Oefele/Heinemann*, § 1 ErbbauRG Rn. 72; Erman/*Grziwotz*, § 1 ErbbauRG Rn. 21.

6 OLG Düsseldorf NJW 1971, 436; MünchKomm-BGB/v. *Oefele/Heinemann*, § 1 ErbbauRG Rn. 83; Staudinger/*Rapp* § 1 ErbbauRG Rn. 49; zu gesetzlichen Rücktrittsrechten ebenso Erman/*Grziwotz* § 1 ErbbauRG Rn. 12.

7 Staudinger/*Rapp* § 1 ErbbauRG Rn. 49.

8 Staudinger/*Rapp* § 9 ErbbauRG Rn. 4; § 9 gilt aber nur für den dinglich gesicherten Erbbauzins, Erman/*Grziwotz* § 9 ErbbauRG Rn. 4.

9 BGHZ 90, 227; 91, 32; 97, 171; MünchKomm-BGB/v. *Oefele/Heinemann*, § 9 ErbbauRG Rn. 72

lichkeit, den Erbbauzins variabel zu gestalten, die Angabe eines festen Betrages beim Antrag auf Eintragung der Reallast nötig ist; geschieht dies aber, so kann aus der **Reallast** die Zwangsversteigerung in das Erbbaurecht betrieben werden,[10] und sie bleibt bei Zwangsversteigerung aus einer gleich- oder vorrangigen Post mit dem Hauptanspruch bestehen. Immerhin muss aber die Reallast von vornherein in die Kalkulation einbezogen werden; ein bevorzugtes Zugriffsrecht des Gläubigers des Erbbauzinses und erst recht ein Recht zu Beendigung des Erbbaurechts besteht nicht, so dass dieser Punkt in die Überlegungen zu den Folgen einer vertraglichen oder durch Zeitablauf verursachten Beendigung des Erbbaurechts nur in der Weise einbezogen werden muss, dass das Verhältnis einer eingetragenen Erbbauzinsreallast zu anderen Belastungen des Erbbaurechts angesprochen werden muss.

3. Der Entschädigungsanspruch des früheren Erbbauberechtigten als Gestaltungsaufgabe

Urteile des BGH und einiger OLG, stärker noch hieran anschließende wissenschaftliche Überlegungen erfahrener Praktiker aus der letzten Zeit, haben mit auffallender Intensität die Absicherung mit dem Erbbaurecht konkurrierender Belastungen des Grundstücks gegen den bei Beendigung des Erbbaurechts durch Zeitablauf entstehenden Entschädigungsanspruch gem. § 27 ErbbauRG diskutiert. Zu den hierdurch nötig werdenden Vorsorgemaßnahmen muss im Folgenden im Schwerpunkt des Referats Stellung genommen werden; die bisherigen Hinweise zu den verschiedenen Beendigungstatbeständen dienten nur dazu, die Interessenlage auch und gerade im Fall des Zeitablaufs zu beleuchten, die man bedenken sollte, wenn man die Folgen des hierdurch begründeten Erlöschens eines mit anderen Belastungen des Grundstücks konkurrierenden Erbbaurechts ins Auge fasst.

Auf den ersten Blick kann man hier noch die Frage stellen, ob die Betrachtung wirklich so stark auf das Erlöschen des Erbbaurechts durch Zeitablauf konzentriert werden darf, oder ob nicht auch die Aufhebung im Hinblick auf die Rechte der Inhaber dinglicher Lasten zu behandeln ist. Dies kann aber mit einem Hinweis auf die obige kurze Darstellung der

---

10 Staudinger/*Rapp* § 9 ErbbauRG Rn. 13.

Erfordernisse der Aufhebung erledigt werden. Die nach §§ 875, 876 BGB i.V.m. § 11 Abs. 2 ErbbauRG notwendige Zustimmung dieser Rechtsinhaber werden sie nicht erklären, solange nicht Vereinbarungen über die Wahrung ihrer Interessen getroffen sind,[11] die praktisch vom Inhaber der mit ihren Rechten belasteten Rechtsposition getragen werden müssen und womöglich noch, wie angedeutet, mit den Inhabern anderer Rechte am Grundstück abgestimmt werden müssen.

II. Bedeutung, Durchsetzungskraft und vorsorgende Ausgestaltung des Entschädigungsanspruchs

1. Entstehen und Absicherung der Entschädigungsforderung

Die Entschädigungsforderung entsteht automatisch mit dem Erlöschen des Erbbaurechts, nach § 28 ErbbauRG „haftet" (d.h. wohl: lastet) sie „auf dem Grundstück an Stelle des Erbbaurechts und mit dessen Rang", was man als schöne, weil pragmatische Formulierung einer **dinglichen Surrogation** verstehen kann.[12] Wir pflegen die dingliche Surrogation als eine Art juristisches Zauberkunststück zu rühmen und sollten uns deshalb nicht wundern, dass die Sogwirkung dieses Zaubers noch ein wenig wirkt. Nach § 29 ErbbauRG haben nämlich die Inhaber von Hypotheken, Grund- oder Rentenschulden oder auch Reallasten am Erbbaurecht an dem Entschädigungsanspruch dieselben Rechte, die ihnen bei Erlöschen des Rechts durch Zwangsversteigerung an dem Erlös zustünden; dazu gehört also auch der Grundstückseigentümer mit seinen Rechten wegen rückständigen Erbbauzinses.[13] Doch gerade hier greift wieder der Surrogationsgedanke: An sich würden mit dem Erlöschen des Erbbaurechts diese Berechtigungen entfallen, doch im Zuge der Surrogation werden sie jetzt durch Rechte ersetzt, die denen in der Zwangsversteigerung des Erbbaurechts entsprechen, bei der der Grundstückseigentümer das Erbbaurecht durch ein Gebot in Höhe des Entschädigungsanspruchs ersteigert hat, so dass die Rechte aus dem Bargebot zu bedienen sind – das soll in etwa so ablaufen wie die Durchsetzung eines Pfandrechts an der schuldrechtlichen Ent-

11 *Maass* NotBZ 2002, 389, 392.

12 Staudinger/*Rapp* § 27 ErbbauRG Rn. 2; „Austausch der Grundstücksbelastung mit gleichem Inhalt", Erman/*Grziwotz*, § 28 ErbbauRG Rn. 1.

13 *Maass* aaO. S. 394; Staudinger/*Rapp* § 29 ErbbauRG Rn. 2

schädigungsforderung.[14] Nur um die Dimension des Vorgangs klarzustellen, ist kurz darauf hinzuweisen, dass im Fall der in § 27 Abs. 2 ErbbauRG behandelten, in gesellschaftspolitischer Hinsicht früher besonders wichtigen Wohnraumförderung durch Erbbaurecht die Entschädigungsforderung auf zwei Drittel des „gemeinen Werts" des Bauwerks begrenzt ist. Aber auch in diesem Bereich sind dingliche Sicherungen am Erbbaurecht normal.

Nun ist ein Recht an einer Entschädigungsforderung, die sich gegen den Grundstückseigentümer richtet, wirtschaftlich (abgesehen von den Unsicherheiten bezüglich der Höhe der Entschädigung) so viel wert wie der Schuldner, der sich ja möglicherweise auch noch einiger Ansprüche aus direkten, gewissermaßen ursprünglichen Belastungen seines Grundstücks zu erwehren hat. Deswegen wird schon lange nach einer dinglichen **Sicherung** sowohl der **Entschädigungsforderung** als solcher als auch der an ihr bestehenden Pfandrechte und Reallasten gesucht. Diese glaubte man zeitweise in der Verpflichtung des Grundstückseigentümers gegenüber dem Erbbaurechtsberechtigten zur Bestellung einer Sicherungshypothek am Grundstück zu finden.[15] Ganz von der Hand zu weisen ist dies angesichts der Formulierung des § 28 ErbbauRG im Vergleich zu den Elementen einer Hypothek nicht. Aber die Entschädigungsforderung haftet schon selber auf dem Grundstück, das Gesetz geht von ihrer Identität mit der ursprünglichen Belastung einschließlich des Rangs aus, was anders ist als bei einer Hypothek, die trotz einer etwa bestehenden dahingehenden Verpflichtung eigens bestellt werden muss, während – jedenfalls nach einer neuen Entscheidung des BGH –[16] die Entschädigungsforderung schon mit der Entstehung des Erbbaurechts als bedingtes Recht ins Leben tritt, um dann mit dem Erlöschen des Erbbaurechts fällig zu werden. Das spricht in der Tat dafür, mit der heute wohl h.M.[17] die Entschädigungsforderung als ein arteigenes dingliches Sicherungsmittel zu qualifizieren, das auch als reallastähnlich bezeichnet wird, so dass es wie das Erbbaurecht und anders als eine Hypothek in Abt. II des Eigentümer-Grundstücks

14 *Maass* aaO. S. 394; MünchKomm-BGB/*v. Oefele/Heinemann* § 29 ErbbauRG Rn. 2.

15 *Hönn* NJW 1970, 138; Soergel/*Stürner* § 29 ErbbauRG Rn. 1.

16 Beschl. vom 11.4.2013, Aktz. V ZB 109/12 Rn. 14, MDR 2013, 768 = BGHZ 197, 140.

17 BGH aaO. Rn. 16; OLG Hamm DNotZ 2007, 750, 752; Erman/*Grziwotz* § 28 ErbbauRG Rn. 1; MünchKomm-BGB/*v. Oefele/Heinemann* § 28 ErbbauRG Rn. 1; Staudinger/*Rapp* § 28 ErbbauRG Rn. 1.

einzutragen ist. Diese Lösungsschritte ermöglichen es dann auch, an der Entschädigungsforderung die in § 29 ErbbauRG erwähnten, durch das Verschwinden des Erbbaurechts an sich vom Erlöschen bedrohten Rechte an dem reallastähnlichen dinglichen Sicherungsmittel fortbestehen zu lassen. Das setzt natürlich die hier noch zu erörternde Eintragungsfähigkeit der Entschädigungsforderung am Eigentümer-Grundbuch voraus,[18] die aus dem Surrogationsgedanken folgt.[19]

Das ganze scheint mir eine überzeugende konstruktive Einkleidung dessen zu sein, was § 28 ErbbauRG unter „haften" gemeint hat; wer allerdings gewöhnt ist (und gelehrt hat), den sachenrechtlichen numerus clausus und den Typenzwang hochzuhalten, wird diese Entwicklung dinglicher Rechte als ziemlich innovativ empfinden. Sie ist aber, wie wohl auch andere rechtsfortbildende Entwicklungen der dinglichen Berechtigungen,[20] heute nicht mehr problematisch.

2. Behandlung nach dem Grundbuch-Verfahrensrecht

Das ist aber nur die materiell-rechtliche Seite, die, wie man weiß, nur aufgeht und sich durchhalten lässt, wenn ihr grundbuchlicher Vollzug keine Hindernisse aufwirft. Das könnte geschehen, wenn das infolge Zeitablaufs erloschene Erbbaurecht nunmehr auf Antrag in dem unrichtig gewordenen Eigentümer-Grundbuch gelöscht wird, da dann der Inhaber der Entschädigungsforderung und die Gläubiger an ihr bestehender Rechte einen gutgläubig lastenfreien Erwerb des Eigentümergrundstücks besorgen müssten, solange die Entschädigungsforderung im Grundbuch nicht verlautbart ist. Es ist dies eine Frage, die sich übrigens auch dann stellt, wenn man von der Notwendigkeit der Bestellung einer Sicherungshypothek ausgeht.

Große Probleme ergeben sich nicht, wenn der bisherige Erbbauberechtigte die **Löschung** bewilligt,[21] womit dann aber die Inhaber am Erbbau-

---

18 Palandt/*Bassenge* § 28 ErbbauRG Rn. 1; Staudinger/*Rapp* § 28 ErbbauRG Rn. 1; MünchKom /BGB/*v. Oefele/Heinemann* § 28 ErbbauRG Rn. 1.

19 Dazu im Übrigen OLG Hamm DNotZ 2007, 752; *Maass* DNotZ 2007, 757, zust. Staudinger/*Rapp* § 28 ErbbauRG Rn. 1.

20 Dazu im größeren Zusammenhang *H.P. Westermann*, in: Basic Principles of Property Law, in; Journal of South African Law, 2011, 1 ff.

21 Das kann er, MünchKomm-BGB/*v. Oefele/Heinemann* § 29 Rn. 3; BGH aaO. Fn. 16., Erman/*Grziwotz* § 29 ErbbauRG Rn. 4.

recht bestehender dinglicher Rechte die Verlautbarung ihres Rechts verlieren. Ob man hieraus – ähnlich wie bei der rechtsgeschäftlichen Aufhebung – schließen kann, dass sie der Löschung zustimmen müssen, ist einer Randbemerkung des OLG Hamm zu entnehmen, die auch der BGH zitiert.[22] Der Punkt ist von untergeordneter Bedeutung, weil die fehlende Bewilligung das Erbbaurecht materiell nicht wiederherstellt, vor allem aber deshalb, weil sich die dinglichen Berechtigungen, wie dargetan, an der Entschädigungsforderung fortsetzen. Somit bliebe das Grundbuch, wenn das Erbbaurecht nicht gelöscht wird, weiter unrichtig, was zu einer **Berichtigung** nach § 22 GBO Anlass gibt. Ob diese allerdings in einer Löschung des Erbbaurechts und der Schließung des Erbbaugrundbuchs bestehen kann, nachdem ja die Unrichtigkeit durch den Bestellungsvertrag, aus dem sich die Befristung ergibt, bewiesen werden kann, war lange Zeit streitig. Eine ältere Ansicht[23] ging noch davon aus, dass das Erlöschen des Erbbaurechts nichts mit dem Entstehen der Entschädigungsforderung zu tun habe, so dass das Grundbuch sofort nach Fristablauf oder – so eine Modifikation[24] – in Anwendung der §§ 23, 24 GBO nach Ablauf eines Jahres nach Erlöschen durch Löschung des Erbbaurechts berichtigt werden könne. Durchgesetzt hat sich demgegenüber eine neuere Meinung, die eine Löschung des Erbbaurechts wegen der Surrogation und der daraus folgenden Verdinglichung der Entschädigungsforderung, die ja an die Stelle des Erbbaurechts tritt, nicht als Beseitigung der durch das Erlöschen des Erbbaurechts eingetretenen Unrichtigkeit ansieht, die ohne gleichzeitige Eintragung der Entschädigungsforderung fortbestünde.

Nachdem diese vor einigen Jahren entwickelte Ansicht[25] kürzlich vom BGH übernommen worden ist,[26] ist klar, wie bezüglich der Löschung des Erbbaurechts zu verfahren ist. Praktische Schwierigkeiten, die zu der G-fahr führen können, dass das materiell nicht mehr bestehende Erbbaurecht weiter eingetragen bleibt, so dass u.U. sogar ein Widerspruch gem. § 899 BGB ausgebracht werden muss, können sich daraus ergeben, dass die **Eintragung der Entschädigungsforderung** kein Selbstgeher ist. Ihre

22 OLG Hamm, DNotZ 2007, 750, 753; BGH aaO. Fn. 16.

23 Soergel/*Stürner* § 29 ErbbauRG Rn. 1; Erman/*Grziwotz* § 29 ErbbauRG Rn. 4; siehe auch MünchKomm-BGB/*v. Oefele/Heinemann* ErbbauRG § 29 Rn. 3.

24 OLG Celle NJW-RR 1995, 1420, 1421; *Böttcher* Rpfleger 2004, 21, 23 f.

25 *Maass* NotBZ 2002, 389, 392; OLG Hamm DNotZ 2007, 750 ff.; Staudinger/*Rapp* § 27 ErbbauRG Rn. 2.

26 Beschl. vom 11.4.2013 Fn. 16; MDR 2013, 768; so jetzt auch Erman/*Grziwotz* § 29 ErbbauRG Rn. 4.

Höhe wird nämlich manchmal unbekannt, jedenfalls schwer zu ermitteln sein. Wie eines der hier noch zu besprechenden Gerichtsurteile zeigt, wird inzwischen das Erbbaurecht nicht mehr nur für die Errichtung von Wohn- oder Geschäftshäusern genutzt, sondern auch für Anlagen wie Golfplätze, und ist – in einem derzeit aktuellen Fall – auch für die Errichtung einer Trabrennbahn mit Stallungen und Restaurationsräumen im Gespräch, was insofern praktisch sein kann, als der Kauf eines für derartige Aktivitäten brauchbaren sehr großen Geländes für den veranstaltenden Verein sehr kostspielig werden kann. Hier braucht man sich nur vorzustellen, wie wohl nach den dem Vernehmen nach vorgesehenen 30 Jahren ab 2017, also möglicherweise nach einem Verbot des Trabrennsports aus Tierschutzgründen, die Entschädigung für die Trabrennbahn, die Stallungen und eventuelle Restaurationsräume ausfallen wird. Das mag ein Extremfall sein, aber wenn man, wie angedeutet, auf den Fall der Einräumung von Erbbaurechten zum Betrieb von Golfplätzen blickt, dürfte verständlich sein, dass das Erfordernis einer Eintragung der Entschädigungsforderung in bezifferter Höhe ein erhebliches Hindernis darstellen würde. Deshalb ist bemerkenswert, dass die heute h.M. wiederum unter Führung des BGH wie bei einer Reallast die Eintragung ohne Nennung eines bestimmten Geldbetrages gestattet,[27] wenn die Forderung nur bestimmbar ist.

Um kurz auf die **Vertragsgestaltung** zurückzukommen, so kann es für die Abwicklung in einem solchen Fall gewiss nicht schaden, wenn im Hinblick auf die Berechnung der Entschädigungsforderung schon bei der Bestellung des Erbbaurechts Maßstäbe und Kriterien vereinbart werden, wenn nicht überhaupt ein Verzicht des Erbbauberechtigten, der dem Eigentümer und seinen Beratern gut passen würde, sich durchsetzen lässt. Deshalb verdient es Erwähnung, dass der BGH es genügen lässt, wenn aus der Eintragungsbewilligung unter Bezugnahme auf den Erbbaurechtsvertrag die nötigen Angaben hervorgehen.

Solche Vereinbarungen liegen übrigens auch im Interesse des Erbbauberechtigten, der, wenn die Entschädigungsforderung nicht oder nur sehr verzögert eingetragen werden kann, bei einem Fortbestehen der Grundbuchunrichtigkeit Gefahr läuft, aufgrund eines gutgläubig lastenfreien Erwerbs durch Dritte die Entschädigungsforderung nicht durchsetzen zu können. Es ist also auf jeden Fall dahin zu wirken, daß die Ent-

27 BGH aaO. Fn. 16; OLG Hamm DNotZ 2007, 750, 753; *Maass* DNotZ 2007, 753, 757; Staudinger/*Rapp* § 28 ErbbauRG Rn. 2.

schädigungsforderung eingetragen wird, wobei wohl Klarheit darüber besteht, an welcher Stelle sie einzutragen ist. Das OLG Hamm[28] verlangt eine Eintragung in der Veränderungsspalte des Erbbaurechts, was aber eben die Abt. II betrifft, auf die auch der BGH in seinem Spruch hingewiesen hat.[29]

3. Das Verhältnis von Dienstbarkeiten zur Entschädigungsforderung

Das alles verhilft allerdings nur solchen Realgläubigern zu einer Sicherheit, deren Rechte am Erbbaurecht bestanden; das gilt dann wohl auch, wenn ihre Rechte gleichzeitig das Grundstück belasteten, da dann die Konkurrenz zwischen diesen Posten und der Entschädigungsforderung ausgeschaltet oder jedenfalls abgeschwächt wird, wobei die Realgläubiger, wie schon erwähnt, auch einer Aufhebung des Erbbaurechts und seiner Löschung nach Zeitablauf zustimmen müssen. Das wird praktisch, wenn aus der Entschädigungsforderung in das Grundstück vollstreckt wird, was auch realistisch sein kann, weil diese Forderung ja in den Rang des Erbbaurechts am Eigentümer-Grundstück, also zwingend (nach § 10 ErbbauRG) in den ersten Rang einrückt.[30] Da aber die Inhaber der Rechte an der Entschädigungsforderung wie Pfandrechtsgläubiger an dieser Forderung zu qualifizieren sind,[31] dürften ihnen bei einer Verwertung der Forderung die Rechte gem. §§ 1277, 1282 ff. BGB zustehen, so dass sie nicht leer ausgehen müssen.

Diese Gefahr droht aber dem Inhaber eines am Erbbaurecht bestehenden Rechts, das nicht unter § 29 ErbbauRG fällt, also etwa einer Dienstbarkeit, und zwar nach dem vorigen unabhängig davon, ob dieses Recht schon bei Schaffung des Erbbaurechts bestand (und dann im Einverständnis des Berechtigen hinter das Erbbaurecht zurückgetreten ist), oder ob es zu diesem Zeitpunkt oder später am Erbbaurecht begründet worden ist. Freilich wird manchmal der Eigentümer, wenn er sich anschickt, ein Grundstück durch Bestellung eines Erbbaurechts zu verwerten oder die sonstigen mit der Ausgabe eines solchen Rechts verfolgten Zwecke zu

---

28 DNotZ 2007, 752.

29 AaO. Fn. 16.

30 *Kesseler* ZfIR 2014, 414, 415.

31 Staudinger/*Rapp* § 29 ErbbauRG Rn. 4; Erman/*Grziwotz* § 29 ErbbauRG Rn. 3; MünchKomm-BGB/*v. Oefele/Heinemann* ErbbauRG § 29 Rn. 2.

erfüllen, mit dem Ansinnen an einen Dienstbarkeitsberechtigten kommen, er möge dem Erbbaurecht durch **Rangrücktritt** den Vorrang einräumen,[32] weil sonst womöglich die Nutzung des Erbbaurechts gestört oder unmöglich gemacht wird. Des Weiteren muss sich aber auch der Inhaber einer Dienstbarkeit, im vorhin angedeuteten Beispiel etwa eines Wegerechts quer über das dem Trabrennverein u.U. zugedachte Erbbaugrundstück, um eine Sicherung für den Fristablauf sorgen, was angesichts der möglicherweise eines Tages nicht allzu rosigen wirtschaftlichen Lage des Erbbauberechtigten, der das Erbbaurecht mit Grundpfandrechten belastet haben könnte, sicher verständlich ist. Eine **Simultan-Eintragung** der Dienstbakeit am Grundstück und am Erbbaurecht, die für die Zeit des Bestehens und der Ausnutzung der Erbbaurechts genügt, wird durch den Zeitablauf und das materielle Erlöschen des Erbbaurechts entwertet, und der Dienstbarkeitsberechtigte wird mit seiner dinglichen Position nicht unter § 29 ErbbauRG fallen. Natürlich kann er seine Zustimmung zum Rangrücktritt von einem Verzicht des Erbbaurechtsinhabers auf den Entschädigungsanspruch abhängig machen; darauf kann sich aber der künftige Erbbauberechtigte nicht einlassen, weil es ihn an der Belastung und damit Finanzierung des Erbbaurechts und der damit verfolgten Vorhaben hindert; auch den Erbbauberechtigten wird dies nicht gefallen.[33]

Hier wird nun in Rechtsprechung und Schrifttum über Modifikationen des Entschädigungsanspruchs zur Sicherung der am Erbbaurecht wie am Grundstück (dort freilich zwingend nachrangig) eingetragenen Dienstbarkeit nachgedacht. Hierzu hat mein heutiger Vorredner eine Lösung vorgeschlagen und inzwischen die Gefolgschaft seines Berufskollegen *Kesseler* gefunden.[34] Das ist dann nicht nur, wie im heutigen Referat, auf das vereinbarte Heimfallrecht bezogen, sondern zielt darauf, einer Diensbarkeit nach Erlöschen des Erbbaurechts eine bessere Position zu verschaffen, wodurch man sich auch für die Gefälligkeit der Einräumung des Vorgangs anläßlich der Bestellung des Erbbaurechts erkenntlich zeigen kann.

Auf dem Wege hierzu findet sich allerdings wohl als erstes der frühere Vorschlag,[35] den **Entschädigungsanspruch** – was dann schon bei Schaf-

32 Zu den Argumenten für und wider *Kesseler* aaO. S. 415.

33 *Kesseler* aaO. S. 416.

34 Staudinger/*Rapp* § 28 ErbbauRG Rn. 2b; *Kesseler* aaO. S. 417.

35 *v.Oefele/Winkler* Handbuch des Erbbaurechts, 5. Aufl. 2012, Rn. 2-100; Münch-Komm-BGB/*v. Oefele/Heinemann* § 10 ErbbauRG Rn. 3.

fung des Erbbaurechts zu bewirken wäre – unter die **Bedingung einer Vorrangeinräumung** für die Dienstbarkeit zu stellen. Das wäre in der Art vorstellbar, dass der Entschädigungsanspruch nur unter der Bedingung vorgesehen wird, dass der Erbbauberechtigte dem Dienstbarkeitsberechtigten, was nur auf den Zeitpunkt des Erlöschens des Erbbaurechts durch Zeitablauf bezogen möglich ist, den ursprünglichen Rang am Grundstück wieder einräumt. Das OLG Hamm[36] hat hiergegen Bedenken, weil es sich nur um eine schuldrechtliche Verpflichtung handle, die ja nicht wertlos sein muss; richtig ist aber unabhängig davon der Hinweis, dass es hier entscheidend darauf ankommt, dass der Grundstückseigentümer beim Erlöschen des Erbbaurechts mitspielt. Das OLG Hamm will deshalb im Gefolge von Rapp[37] aus dem Umstand, dass gem. § 27 Abs. 1 S. 2 ErbbauRG auf die Entschädigungsforderung auch ganz verzichtet werden könnte, den Schluss auf ein Minus ziehen, das dann so aussieht, dass die im Rang nach dem Erbbaurecht eingetragenen dinglichen Rechte, also Pfandrechte und auch eine Dienstbarkeit, die am Erbbaurecht aber jedenfalls eine vordere Rangstelle einnehmen, im Eigentümer-Grundbuch Ränge vor der Entschädigungsforderung erwerben. Das begründet dann für die Dienstbarkeit den sonst nicht geltenden Vorzug, dass sie bei Versteigerung aus der Entschädigungsforderung in das geringste Gebot fällt. Das ginge dann über eine bloß schuldrechtliche Wirkung hinaus, wäre aber den Zweifeln ausgesetzt, ob nicht der Erbbauberechtigte, der an dieser Einschränkung der Entschädigungsforderung mitwirken müsste, hierfür – in Anwendung der §§ 867, 877 BGB – der Zustimmung der eines Tages an der Entschädigungsforderung beteiligten Grundpfandrechts- und Reallastgläubiger bedarf.[38] Das kann aber auf das Hindernis stoßen, daß der Dienstbarkeitsberechtigte ein Recht an der Entschädigungsforderung nicht bekommen und nach § 28 ErbbauRG am Grundstück nur hinter der Entschädigungsforderung stehen wird, so dass er Gefahr läuft, bei Versteigerung aus der Entschädigungsforderung nicht im geringsten Gebot zu stehen und daher auszufallen. Mit Rücksicht auf dieses Risiko ist dann der etwas weitergehende Vorschlag[39] entwickelt worden, im Erbbaurechtsvertrag zu vereinbaren, dass der **Dienstbarkeit** für den Augenblick nach

---

36 Beschluss vom 27.6.2013, *Beck* RS 2013, 12960 S. 13; krit. dazu *Kesseler* aaO. S. 416.

37 Staudinger/*Rapp* § 28 ErbbauRG Rn. 20, 26.

38 Auch dazu wieder *Kesseler*, aaO. S. 416.

39 Staudinger/*Rapp* § 28 Rn. 2 b; zust. *Kesseler* S. 416.

Erlöschen des Erbbaurechts der **Vorrang** vor dem Entschädigungsanspruch eingeräumt wird; das ist dem Dienstbarkeitsberechtigten jedenfalls zu empfehlen.

So schlüssig sich dies anhört, stößt es doch auf den weiteren, als solchen sicher nicht so verwunderlichen Vorbehalt, dass mit dieser Beschränkung der Entschädigungsforderung die an ihr potentiell berechtigten Gläubiger einverstanden sein müssen.[40] Für den Heimfall kann dieser Lösung hinzugefügt werden, dass der Grundstückseigentümer gegenüber den Inhabern der beschränkten dinglichen Rechte nach § 242 BGB einen Anspruch hat, dem neu zu bestellenden Erbbaurecht die erste Rangstelle einzuräumen.[41] Für den Fall der Beendigung des Erbbaurechts durch Zeitablauf müsste wohl stattdessen ein besonderer **schuldrechtlicher Anspruch** gegen den künftig am Erbbaurecht und somit an der Entschädigungsforderung berechtigten Realgläubiger begründet werden, der, wie mir scheint, und wie ich die Risikobereitschaft gewerblicher Kreditgeber einschätze, diesen nicht immer ganz leicht schmackhaft zu machen sein wird. Aber es kann auch sein, dass bei potentiellen Realgläubigern, die ja an einer sinnvollen Nutzung des Grundstücks durch den Erbbauberechtigten interessiert sind, die Einräumung eines Vorrangs für den in ziemlich weiter Ferne liegenden Fall des Zeitablaufs vertretbar erscheint. Das OLG geht noch einen Schritt weiter, indem es dem Grundstückseigentümer, der sich zur Bestellung eines Erbbaurechts verpflichtet, gegen den Inhaber einer bestehenden Dienstbarkeit einen Anspruch auf Rangrücktritt zubilligt, wenn er den möglicherweise bei Zeitablauf entstehenden Entschädigungsanspruch mit einer Regelung ergänzt, wonach eine am Grundstück im Rang nach dem Erbbaurecht eingetragene Dienstbarkeit, die am Erbbaurecht erstrangig eingetragen ist, bei Entfallen des Erbbaurechts einen Rang vor der Entschädigungsforderung erhalten soll.[42] Das mag richtig sein, ob aber andere Obergerichte in den meist komplexen Sachverhalten, die hier zu beurteilen sind, sich vom Bestehen eines solchen Anspruchs überzeugen lassen werden, kann nicht sicher vorhergesagt werden. Deshalb wird es sich für die gestaltende Praxis empfehlen, in diesen komplexen Fällen bei Begründung des Erbbaurechts zumindest die für die Finanzierung als

---

40 *Kesseler* ebenda.

41 So Staudinger/*Rapp* § 28 ErbbauRG Anm. 2 b.

42 AaO S. 12; anders aber wohl BGH DNotZ 1974, 692.

mögliche Realgläubiger in Aussicht genommenen Unternehmen in die Überlegungen einzubeziehen.

4. Besonderheiten im Fall einer Aufhebung des Erbbaurechts

Das Verhältnis von Dienstbarkeit und Erbbaurecht ist in jüngerer Zeit noch in einem anderen Fall ins Gespräch gekommen, der ebenfalls zur Beendigung des Erbbaurechts, aber einer solchen im Wege der Aufhebung, Bezug hatte. Eine vom 17.2.2012 datierende Entscheidung des BGH[43] wirft wiederum die etwas grundsätzlichen Fragen auf, die sich mittelbar auch mit dem Entschädigungsanspruch berühren.

Es ging offenbar um eine Reihenhaus-Siedlung, in der, wenn die Häuser auf der Grundlage von Erbbaurechten errichtet werden sollten, nicht selten die Nachbarn sich **wechselseitig Wegerechte**, hauptsächlich mit Blick auf den Entsorgungsweg, eingeräumt haben. Im entschiedenen Fall hatte ein Nachbar sein Grundstück mit einem Wegerecht zugunsten des jeweiligen Inhabers eines der Erbbaurechte belastet und erlebte nun, dass jemand dieses Erbbaurecht nebst dem Eigentum am Nachbargrundstück erwarb und in der Lage, in die er so gekommen war, das Erbbaurecht aufgehoben hatte. Das Erbbaurecht wurde sodann gelöscht, der Eigentümer des mit dem Wegerecht belasteten Grundstücks stellte sich nunmehr auf den Standpunkt, zur Duldung der Nutzung des Wegerechts nicht mehr verpflichtet zu sein. Es ging daher darum, ob mit der Löschung des aufgehobenen Erbbaurechts das subjektiv-dingliche Wegerecht auf den Erwerber des Grundstückseigentums übergangen war. Das wurde im Rechtsstreit wohl als Frage zu § 12 Abs. 3 ErbbauRG behandelt, der bestimmt, dass beim Erlöschen eines Erbbaurechts seine Bestandteile solche des Grundstücks werden, was für Rechte wie ein subjektiv-dingliches Wegerecht vielleicht aus § 96 BGB hergeleitet werden könnte. Dies ist als allgemeine Frage ungeklärt.[44] Der BGH bejaht es aber für Wege und Leitungsrechte mit der Erwägung, für die Existenz solcher Rechte könne der Erbbaurechtsinhaber, wenn es einmal an die Zahlung der Entschädi-

43 BGH, Urteil vom 17.2.2012, Aktz. V ZR 102/11 = BGHZ 192, 335; anders LG Verden NdsRpfl. 1964, 250.

44 Gegen die Erweiterung der Vorschrift auf andere als bauliche Bestandteile *Oppermann* ZNotP 2012, 166, 167; *Staudinger/Rapp* § 12 ErbbauRG Rn. 25; Erman/*Grziwotz* § 12 ErbbauRG Rn. 5.

gungsforderung gem. § 27 ErbbauRG geht, eine Vergütung verlangen, auf die er keinen Anspruch hätte, wenn der Erbbauberechtigte nicht auf das Wegerecht zugreifen könnte. Auch trat mit dem Zusammenfallen von Grundstück und Erbbaurecht eine gewisse Schieflage insofern ein, als die Nachbarn die Wegerechte an dem ersatzlos aufhebbaren „dienenden" Erbbaurecht verloren und dann am Grundstück, das nicht „dienend" war, keine Rechte hatten.[45] Das hatte der frühere Inhaber des dienenden Erbbaurechts mit der Aufhebung des Erbbaurechts einseitig erreichen können, der aber seinerseits, wenn ihm tatsächlich § 12 Abs. 3 ErbbauRG zugute kommt, das Wegerecht als nunmehrigen Bestandteil seines Grundstückseigentums nutzen kann. Vor diesem Hintergrund muß also nicht nur über den Anwendungsbereich des § 12 Abs. 3 ErbbauRG – notfalls auch rechtsfortbildend – diskutiert werden, und es erscheint nicht ausgeschlossen, mit Elementen der gesetzlichen schuldrechtlichen Ausgleichsordnungen oder der auch im Sachenrecht geltenden Treupflicht zu passenden Lösungen vorzudringen, was mindestens ebensoviel Mut verlangt wie die im Vorigen erörterten Konzeptionen.

5. Wege zur Vermeidung des Erlöschens des Erbbaurechts

Nur mittelbar mit dem bisher erörterten Problemkreis hängt ein in der Praxis offenbar verbreitet vorkommendes Instrument zusammen, das aber unter sich sehr verschiedene **Verlängerungsmöglichkeiten** im Sinne der von der Beendigung des Erbbaurechts bedrohten Beteiligten vereinigt. Hier ist zunächst das in § 2 Abs. 6 ErbbauRG als mögliche Vereinbarung bestimmte **Vorrecht** des Erbbauberechtigten zu erwähnen, das (§ 31 Abs. 1 ErbbauRG) eingreift, wenn der Grundstückseigentümer mit einem Dritten innerhalb von drei Jahren nach der Zeit, für die das Erbbaurecht bestellt war, also nach dem Erlöschen, ein anderes Erbbaurecht bestellt; hier wird – ähnlich wie beim Vorkaufsrecht – eine Möglichkeit eingeräumt, in den Bestellungsvertrag einzutreten, worauf dann das bisherige Erbbaurecht erneuert fortbesteht,[46] allerdings mit der Einschränkung (§ 31 Abs. 1 S. 2), dass das neue Erbbaurecht nicht für andere wirtschaftliche Zwecke bestimmt sein darf. Dieses Vorrecht auf Erneuerung hat gem. § 31

45 Hierzu eingehend *Schmidt-Räntsch* ZfIR 2014, 269, 271 ff., 273.

46 Staudinger/*Rapp* § 2 ErbbauRG Rn. 30; *Maass* NotBZ 2002, 389, 394; MünchKomm-BGB/*v. Oefele/Heinemann* § 2 ErbbauRG Rn. 35.

Abs. 4 ErbbauRG die Wirkung einer Vormerkung und damit deren Schutzwirkung, neben der dann aber gleichrangig – so heißt es – [47] die Entschädigungsforderung aus § 27 ErbbauRG stehe. Nach § 31 Abs. 5 ErbbauRG setzen sich Rechte i.S.d. § 29, also hauptsächlich Grundpfandrechte, am neuen Erbbaurecht fort, die Gläubiger können ihre Eintragung über eine Grundbuchberichtigung durchsetzen.[48] Eine andere Art der Reaktion auf die Beendigung des Erbbaurechts kennt § 27 Abs. 3 ErbbauRG in der Möglichkeit eines Grundstückseigentümers, die Verpflichtung zur Erfüllung der Entschädigungsforderung dadurch abzuwenden, dass er das Erbbaurecht vor dem Ablauf für die voraussichtliche Standdauer eines kraft des Erbbaurechts errichteten Baus zu verlängern anbietet. Lehnt der Erbbauberechtigte das ab, verliert er den Anspruch auf Entschädigung, dieser Verlust trifft auch die Realgläubiger, deren Rechte an der Entschädigungsforderung erlöschen,[49] deren Zustimmung aber nicht eingeholt werden muß.[50]

Vorsorgender Regelung bei der Erbbaurechtsbestellung bedarf es für beide Fälle nicht, wohl aber sollten diese Eventualitäten im Rahmen in die Zukunft weisender Überlegungen nicht ganz beiseitegelassen werden.

Rechtsdogmatisch ist bemerkenswert, dass der BGH in dem hier mehrfach angesprochenen Beschluss[51] in der Regelung über die Erneuerung des Erbbaurechts und das Verlängerungs-Vorrecht ein Argument für die Notwendigkeit sieht, bei Erlöschen eines Erbbaurechts (durch Zeitablauf) die Grundbucheintragungen so vorzunehmen, dass ein materiell erloschenes Erbbaurecht nicht so lange als bestehend ausgewiesen werden darf, als der Entschädigungsanspruch besteht und mit der Löschung im Grundbuch vermerkt werden könnte.

---

47 *Maass* ebenda; das gilt nach Erman/*Grziwotz* § 3 ErbbauRG Rn. 5 nur bei Erlöschen durch Fristablauf, nicht bei Aufhebung.

48 So auch *Maass* ebenda.

49 Erman/*Grziwotz* § 31 ErbbauRG Rn. 6; anders MünchKomm-BGB/ *v. Oefele/ Heinemann* § 31 ErbbauRG Rn. 7.

50 MünchKomm-BGB/*v. Oefele/Heinemann* § 27 ErbbauRG Rn. 11; Staudinger/ *Rapp* § 27 ErbbauRG Rn. 20.

51 AaO. Fn. 16 Rn. 19.

III. Schlussbemerkung

Wer ein so schwieriges Thema zu behandeln hatte, einschließlich von Lösungsmöglichkeiten, die unter den Bestimmungen des materiellen und formellen Grundstücksrechts abzustimmen sind und zugleich Dogmen wie Subsidiarität und Dinglichkeit von Rechtspositionen Respekt zu erweisen hatte, tut sich schwer, eine von jedem Referenten an sich erstrebte zierliche Schlusswendung zu finden. Das Resümee, dass wir mit der zwingenden Regelung in § 10 ErbbauRG nicht zufriedenstellend zurechtkommen und im Umkreis der Entschädigungsforderung bei Erlöschen des Erbbaurechts durch Zeitablauf zu allerlei Kunststücken gezwungen sind, legt den Vertragsgestaltern aber jedenfalls im Hinblick auf die hier im Vordergrund stehenden Sprüche des BGH und des OLG Hamm, die mit den Überlegungen bekannter Kommentatoren weitgehend übereinstimmen, keine unüberwindbaren Stolpersteine in den Weg. Allerdings sind sowohl der vertragsgestaltende Notar als auch die juristischen Berater der Beteiligten auf verständnisvolle Kooperation verwiesen. Dafür könnten vielleicht Impulse von dem Umstand ausgehen, dass unsere sehr renommierten Veranstalter und damit das Notarinstitut an der Präsentation dieser Diskussionsanregungen mitwirken.

Zeitfracht Medien GmbH
Ferdinand-Jühlke-Straße 7
99095 Erfurt, Deutschland
produktsicherheit@kolibri360.de